Naiem Ahmadinejadfarsangi

Dites-moi, pourquoi avez-vous fait la révolution?

Naiem Ahmadinejadfarsangi

Dites-moi, pourquoi avez-vous fait la révolution?

به من بگویید چرا سال 57 انقلاب کردید؟

Éditions Muse

Imprint

Cover image: www.ingimage.com

Publisher:
Éditions Muse
is a trademark of
Dodo Books Indian Ocean Ltd. and OmniScriptum S.R.L publishing group

120 High Road, East Finchley, London, N2 9ED, United Kingdom
Str. Armeneasca 28/1, office 1, Chisinau MD-2012, Republic of Moldova, Europe
Managing Directors: Ieva Konstantinova, Victoria Ursu
info@omniscriptum.com

Printed at: see last page
ISBN: 978-620-2-29878-0

Dites-moi, pourquoi avez-vous fait la révolution?

به من بگویید چرا سال ۵۷ انقلاب کردید؟

Naiem ahmadinejadfarsangi

نعیم احمدی نژادفرسنگی

Table des matières

Le pétrole et l'expansion des achats d'armes................ 24

Conditions internes du pays et déroulement historique des événements: 25

■ Formation du cabinet Mossadegh et nationalisation du pétrole et coup d'État du 28 août 31

La Révolution Blanche ou la Révolution du Roi et du Peuple 36

La hausse des prix du pétrole et la récession et leurs....... 42

■ La personnalité de Mohammad Reza Shah et sa performance et son approche de la dynastie Pahlavi 51

Bien que beaucoup aient écrit, rapporté et analysé à cet
égard, on parle encore de facteurs dans ce domaine qui se manifestent principalement dans la théorie du complot et de l'ingérence étrangère dans cet événement. Compte tenu de l'importance du sujet, l'auteur entend retracer l'occurrence de la révolution dans une brève description des événements historiques du temps de Mohammad Reza Shah Pahlavi et répondre aux questions suivantes: Les performances du système impérial et de la dynastie Pahlavi ont-elles été un facteur important de la révolution? Les développements régionaux et mondiaux ont-

ils eu un impact sur la Révolution de 1957? Quel était le rôle des intellectuels religieux et de gauche à cet égard? Quels ont été les facteurs étrangers déterminants dans la survenue de la révolution islamique en Iran et pourquoi la révolution islamique s'est-elle produite? Alors que de nombreux groupes de gauche et communistes en Iran avaient organisé des luttes armées. J'ai répondu brièvement à ces questions et à d'autres points dans le reste de cet article. ■ Facteurs révolutionnaires en Iran La question a toujours été soulevée au cours des dernières décennies après la révolution islamique d'Iran, pourquoi il y a eu 57 révolutions en Iran? Peut-être y a-t-il beaucoup de gens qui étaient au cœur des événements de la révolution mais qui n'ont pas eu la possibilité d'une analyse appropriée de l'occurrence de cet événement important ou qui n'ont pas voulu expliquer et clarifier pour quelque raison que ce soit comment et pourquoi la révolution islamique. a eu lieu en Iran. Dans ce cas également, ils ont effectué des analyses fondamentales et tenté d'analyser le phénomène de la révolution islamique en Iran en analysant les documents confidentiels des dernières décennies des pays européens et américains et les événements écrits de l'histoire contemporaine d'Iran. Mais ce qui est certain, c'est que maintenant, plus de trois décennies après la révolution, il y a encore des points noirs sur la façon dont cela s'est passé dans l'esprit des universitaires et de l'opinion publique, et parfois il analyse sa théorie du complot ou non avec une croyance profonde en la pureté. et l'honnêteté de la révolution, il presse le pied. En tout cas, en regardant les événements en Iran au cours du siècle dernier et les politiques actuelles au niveau international après la Seconde Guerre mondiale et une vision de la sociologie de la société iranienne, à la fois en termes de contexte social et de classes et en termes de contexte religieux et Des tendances idéologiques, politiques et idéologiques distinctes peuvent être trouvées dans une série de causes et de facteurs cachés et cachés dans l'occurrence de la révolution. Une révolution qui dans une large mesure a eu un grand impact sur la politique mondiale et a transformé de nombreuses équations et interactions régionales et mondiales découlant de la position stratégique du pouvoir politico-militaire et de la position géostratégique de l'Iran. Afin de mieux comprendre pourquoi et comment la Révolution islamique, non seulement les cas mentionnés ci-dessus, mais aussi la personnalité du Shah d'Iran et son approche et ses performances politiques devraient être considérés et analysés du point de vue de la psychologie politique, qui en plus de les causes ci-dessus ont des effets significatifs sur l'orientation des politiques. Maintenant, pour aborder la question avec différentes directions considérées dans la discussion, il est nécessaire de considérer les conditions positives suivantes, dont chacune sera expliquée avec le plus de détails possible.

Les facteurs importants qui font une révolution peuvent être classés comme suit: Conflits du système mondial bipolaire et conditions régionales et leurs effets sur le système politique du pays. Les conditions internes du pays et le cours historique des événements. ■ La personnalité de Mohammad Reza Shah et sa performance et son approche de la dynastie Pahlavi. ■ L'atmosphère intellectuelle du pays, y compris les pensées de gauche et religieuses. Les recherches de Foucault et la clé de la révolution. Bien que chacun de ces cas ait été considéré dans une certaine mesure par de nombreux intellectuels et analystes historiques iraniens et que divers débats et écrits aient été présentés à cet égard, l'auteur de cet article tente de clarifier une autre dimension des dimensions révolutionnaires et il y aura un question clé à laquelle je pense que l'auteur a accordé moins d'attention. À première vue, cela peut sembler une théorie du complot, mais le cours des événements et la manière dont la recherche est menée auront un impact significatif sur la décision finale concernant la révolution islamique en Iran, Zed sera remarquable. Conflits du système mondial bipolaire et conditions régionales et leurs effets sur le système politique du pays Le monde bipolaire et la guerre froide qui en a résulté ont peut-être été les facteurs les plus importants de changement ou de stabilité dans les systèmes politiques de la plupart des régions stratégiques du monde au XXe siècle, éclipsant les effets de ce système international et les conséquences de ses politiques. été donné. La position stratégique de l'Iran au Moyen-Orient, qui est considérée comme l'un des points stratégiques les plus importants du monde, a été et est d'une importance extraordinaire dans le système international, et par conséquent, il peut être possible d'établir une série d'événements pour établir et soutenir le système impérial iranien ou Il a également mentionné la décision de le remplacer par un autre système révolutionnaire appelé la révolution islamique. Du point de vue nordique, être à la frontière avec le régime communiste soviétique et la position méridionale de l'Iran dans sa capacité à contrôler l'autoroute de transfert de pétrole depuis le golfe Persique était l'un des points importants dans la question de la géographie politique et militaire de l'Iran. Les effets des idées de gauche importées du système communiste du voisin du nord et la tentative du voisin du nord de dominer les eaux libres au Moyen-Orient avaient créé une phobie sur le front mondial contre le communisme soviétique, que le système impérial en raison de sa nature particulière et la structure gouvernementale du front était opposée aux idées politiques et économiques du communisme, et les idées et mouvements de gauche résultant de ces idées cherchaient à remplacer ce système par les principes et les fondements de leurs idées. Le parti Tudeh en était un exemple clair. efforts pour harmoniser la structure politique du pays avec celle de son voisin du nord. Dès le début de son règne, le Shah avait une peur particulière du fonctionnement et de l'expansion de la structure de la gauche et, face à l'influence de telles idées, il a choisi le clergé comme priorité pour légitimer son règne, ce qui sera discuté en détail dans les sections ultérieures. Mais ce que l'on appelle la guerre froide et les conflits mondiaux de cette période dans les cultures politiques est divisé en trois périodes: La première période: la première période de 1945 à 1953, année de la mort de Staline. Pendant cette période, la pensée politique la plus importante de Staline était de préserver et de digérer sa principale réalisation dans la guerre, à savoir la domination de l'Europe centrale, tout en évitant un conflit face à face avec les États-Unis / Arash Political Culture / p. 242 Mohammad Reza Shah, qui est arrivé au pouvoir en 1941 après l'occupation alliée de l'Iran et a succédé à son père, pendant les premières années de son règne, qui n'avait pas beaucoup de pouvoir dans le pays et son domaine était pratiquement Téhéran, et pendant environ une période Pendant les sept premières années du règne de Mohammad Reza Shah, il y avait une atmosphère politique relativement ludique qui était le résultat de la coercition du pays occupé. Cependant, considérant que la guerre froide a commencé immédiatement après la Seconde Guerre mondiale, Mohammad Reza Shah a également manœuvré politiquement et montré son autorité à l'instigation de la Grande-Bretagne et des États-Unis. Dans sa première réaction, il a créé la République autonome d'Azerbaïdjan et du Kurdistan, qui a été formé pendant l'occupation de l'Iran. Ils ont été dissous par une frappe militaire. La survenue de cet incident dans la géographie politique du pays et l'expansion de l'influence des partis de gauche en Iran ont amené le Shah et ses partisans britanniques et américains à adopter des politiques dictatoriales en Iran. C'est au début de la guerre froide que le régime de Pahlavi a gouverné avec des groupes, Melli et les partis de gauche se sont affrontés, conduisant à la formation du gouvernement de Mossadegh, qui bénéficiait d'un soutien relativement bon du parti Tudeh. Cependant, étant donné qu'au début de la guerre froide en Europe de l'Est revêtait une importance particulière pour l'Union soviétique, nous constatons que les républiques autonomes d'Azerbaïdjan et du Kurdistan, qui soutenaient la politique soviétique, se sont désintégrées avec le soutien de la Grande-Bretagne et du Kurdistan. États-Unis. Massadat, qui était sous l'influence des masses et a été formé à la fin de la guerre froide, sans la réaction nécessaire de l'Union soviétique face au coup d'État du 28 août 1953 lors d'une opération secrète appelé «Ajax» par les agences de renseignement américaines et britanniques, le cabinet de Mossadegh fait face à un coup d'État et Mohammad Reza Shah est renvoyé en Iran. La profondeur de l'influence des équations internationales peut être bien reflétée dans la déclaration du Dr Mossadegh devant le tribunal militaire, qui a déclaré: «Si Staline n'était pas mort, la Grande-Bretagne et les États-Unis n'auraient pas osé effectuer un tel coup d'État. " Mohammad Ali Amoui, l'un des dirigeants du parti Tudeh, dans une interview avec le mensuel Andisheh Jame'e, a déclaré: "Cette opinion était courante à l'époque où la direction soviétique post-stalinienne n'avait pas encore trouvé sa forme définitive, et donc pour un grand travail comme des événements. "L'Iran ne peut pas prendre de décision et accepter une éventuelle action militaire. / Monthly Thought Society / Numéro 12 / Septembre 2000

Deuxième période: La deuxième période de la guerre froide, qui a duré de 1953 à 1970, a créé une série d'événements dans la région et autour de l'Iran qui ont conduit l'Iran à entrer dans les équations régionales et mondiales. Cette ère de la guerre froide est peut-être l'une des périodes au cours desquelles le gouvernement américain a formellement exprimé sa surveillance spéciale du gouvernement de Mohammad Reza Shah, culminant avec la présidence d'Eisenhower et sa stratégie contre les Soviétiques sous la bannière de la défense Il s'agissait de l'adhésion de l'Iran à la Santo, comme l'a dit George W. Bell, le secrétaire d'État adjoint américain de l'administration Johnson: «De 1953, lorsque le Shah est arrivé au pouvoir, jusqu'en 1972, nous l'avons complètement contrôlé. C'est nous qui avons dit cela. besoin d'une arme ou pas? / Institute for the Study of Contemporary Iranian History / Hausse des prix du pétrole et expansion des achats d'armes Au cours de la même période et en 1955, à l'initiative du gouvernement américain, en particulier du secrétaire d'État John Foster Daly, le pacte de Bagdad a été signé entre la Turquie et l'Irak au Moyen-Orient. La Grande-Bretagne, le Pakistan et l'Iran ont conclu une alliance visant à établir une organisation de défense forte pour étendre l'influence soviétique dans la région et être le lien central entre l'OTAN à l'ouest et Sito à l'est. Trois ans plus tard, le pacte de Bagdad a organisé un coup d'État en Irak avec Abdul Karim Qasim, formant un gouvernement pro-soviétique qui a bouleversé l'équation régionale, accordant à l'Iran une plus grande attention occidentale, et en particulier sa capacité à acheter des armes aux États-Unis. Mais pour éviter les sensibilités et les tensions soviétiques, Mohammad Reza Shah a signé des accords d'armes d'un milliard de dollars avec l'Union soviétique en 1966. Mais ce qui nous intéresse le plus, c'est la propagation des courants de gauche et leur influence dans les zones pétrolifères et rurales du pays, qui ont inquiété le Shah et les pays occidentaux. Et a amené le Shah à trouver une inclination particulière envers le clergé et en même temps, sous la pression de l'expansion et de l'influence des courants de gauche au sein de la société, à accepter des réformes socio-économiques, qui devinrent plus tard les mêmes réformes que lui-même. appelé la Révolution Blanche ou la Révolution du Shah et les gens ont mentionné qu'il avait jeté les bases de la 57e révolution. Période 3: La troisième période de la guerre froide a commencé dans les années 1970, lorsque l'Union soviétique a intensifié son agression et apporté une fatigue extrême aux États-Unis pendant la guerre du Vietnam, qui a abouti à l'échec des efforts militaires américains au Vietnam. Et dans le même temps, l'Union soviétique avait intensifié son agression au Moyen-Orient, qui avait provoqué la révolution communiste en Afghanistan le 27/04/1978 et aux alentours de l'Iran. Simultanément à la nouvelle politique régionale du début des années 1970 et à la hausse sans précédent des prix du pétrole, l'Iran, d'une manière sans précédent et insensée, a acheté une collection colorée et diversifiée des produits militaires les plus récents et les plus chers de différents pays. Institute of

Le pétrole et l'expansion des achats d'armes

La hausse des prix du pétrole pendant cette période et l'approche internationale, la fierté et la méfiance de Mohammad Reza Shah à l'égard des États-Unis, ainsi que la propagation de l'influence communiste au Moyen-Orient et la survenue d'un coup d'État militaire par des officiers communistes en Afghanistan, sont allées de pair Le système impérial en Iran doit être changé, en plus des protestations internes qui se multiplient de jour en jour.

Conditions internes du pays et déroulement historique des événements:

À partir de l'été 1320 après JC (1941 après JC) lorsque les forces britanniques et soviétiques sont entrées en Iran et ont renversé le régime militaire de Reza Shah et ont porté Mohammad Reza Shah au pouvoir jusqu'en février 1978

(1979 après JC), une série d'événements ont eu lieu dans tout le pays. conditions Elle a conduit à l'explosion de la demande à l'intérieur du pays et finalement à la révolution de 1957. Les plus importants de ces événements sont les suivants: ■ La propagation de l'identité nationale et du nationalisme en Iran et en particulier parmi ses différentes nationalités ■ Formation du cabinet du Dr Mossadegh et nationalisation du pétrole et coup d'État du 28 août 1943 La Révolution Blanche ou la Révolution du Roi et du Peuple ■ Hausse des prix du pétrole et récession et ses conséquences ■ Expansion de l'identité nationale et du nationalisme en Iran et en particulier parmi ses différentes nationalités: L'oppression et la dictature de Reza Shah en Iran étaient si grandes qu'après l'occupation de l'Iran par les forces britanniques et soviétiques, l'Iran presque allié a disparu et toutes les parties du pays et chaque lieu se sont organisés nomades, religieux et nationaux en fonction du type de comportement spécial. L'atmosphère créée par les forces d'occupation en Iran était incontrôlable, c'est pourquoi, pour faire avancer leurs propres objectifs, les Britanniques ont poursuivi une vieille politique de contrôle et de domination des diverses tribus et religions sous leur domination dans le sud en les divisant. Ce qui ne peut être discuté ici, nous ne pouvons que signaler l'opinion du Chargé d'Affaires britannique à Téhéran que: Le gouvernement central ne peut exercer son influence dans les régions que par la politique de longue date d'incitation intelligente d'une tribu contre une autre et d'incitation aux conflits ethniques. Maintenez les nomades. (Il est tout à fait vrai que la pratique d'incitation d'une tribu contre une autre ne mènera pas à une paix durable, mais le maintien d'un équilibre des pouvoirs dans certaines régions est actuellement le seul moyen possible d'assurer une paix temporaire face au gouvernement.) / L'Iran entre deux Révolutions / P.156 C'est sur la base de cette politique que les Britanniques ont pu contrecarrer les efforts de Cheikh Jaseb, le fils aîné de Cheikh Khazali, pour unir les Arabes du Khouzistan en incitant la tribu Bani Toruf à s'opposer à lui. Et les forces soviétiques dans la partie nord de l'Iran, avec le soutien de la République d'Azerbaïdjan et plus tard de la République du Kurdistan, pour évacuer l'identité et le nationalisme des nationalités azérie et kurde, qui avaient un fort potentiel, et les priver de soutien en traités pétroliers et concessions pétrolières du Nord. En revanche, entre 1320 et 1332, le nationalisme iranien et les idées pan-iraniennes menées par Mohammad Mossadegh avaient pu utiliser l'espace relatif de cette période pour arriver au pouvoir et trouver la capacité de former un cabinet national et de nationaliser le pétrole. Mais le conflit entre la Grande-Bretagne et les États-Unis d'une part et l'Union soviétique de l'autre est tombé. Ces événements et la réaction du système impérial et des pays impliqués en Iran ont créé une atmosphère qui a ensuite conduit aux fondements principaux de la Révolution de 1957.

■ Formation du cabinet Mossadegh et nationalisation du pétrole et coup d'État du 28 août

Sans aucun doute, la formation du cabinet de Mossadegh et de son poste de premier ministre de mai 1330 à août 1332 peut être considérée comme un tournant dans la fondation de la révolution des 57 iraniens. Comme je l'ai dit dans la section précédente, la recherche d'identité et le nationalisme en Iran ont atteint leur apogée en Iran dans les années 1930, et cette recherche d'identité a conduit à des demandes nationales que le cabinet de Mossadegh, qui appartenait principalement aux factions nationalistes iraniennes, soulève la question du pétrole. nationalisation. Ils ont pu couper la main du gouvernement britannique des ressources pétrolières de l'Iran, qui était également accompagné par des clercs et des religieux, et mis à part cela, il a également exigé la mise en œuvre de lois constitutionnelles qui, compte tenu de ses implications démocratiques, ont automatiquement laissé la gauche groupes, y compris Il a amené le Tudeh au pouvoir, à ce moment-là, le Parti Tudeh a eu un soutien et une coopération spéciaux avec Mossadegh, et dans le soulèvement du 20 juillet 1931, le Parti Tudeh a eu un effet spécial et précis sur le retour au pouvoir de Mossadegh. Le contrôle des pouvoirs spéciaux du Shah était un autre problème important survenu pendant le cabinet de Mossadegh. En fait, le Shah a été institutionnalisé en Iran à l'époque de Mossadegh, et sa sphère d'autorité et son autorité gouvernementale ont été considérablement réduites, ce qui peut être considéré comme un autre tournant. Le peuple iranien a insisté sur le départ du Shah du pays en 1957, à tel point que pendant le cabinet du Mossadegh, le Shah a été contraint de quitter le pays et n'a même pas pensé qu'il reviendrait un jour au pays, mais pendant la les développements ultérieurs et les conflits internes. Le gouvernement de Mossadegh et ses religieux, ainsi que la rébellion secrète des commandants militaires et leur mécontentement à rester à l'écart de la politique nationale, ont conduit à un complot de coup d'État élaboré par la Grande-Bretagne et mené par la CIA dans une opération secrète appelée Ajax Dans les documents publiés, le scepticisme du Shah sur la position du coup d'État montre que cela montre la vérité de l'affaire. Après le coup d'État et le retour de Mohammad Reza Shah, son approche a changé et il est devenu une dictature militaire qui a restreint le champ à l'opposition et à cet égard, au milieu de 1335, il a fondé l'Organisation de sécurité et de renseignement (SAVAK) pour réprimer l'opposition Le régime impérial, en particulier le parti Tudeh et les groupes de gauche, a été fondé et formé. La montée et la suppression des revendications populaires pendant l'ère Mossadegh et le coup d'État du 28 août se sont transformées en enchevêtrements politiques qui, bien que Mohammad Reza Shah ait repris le pouvoir avec la dictature militaire, reposaient sur les fondations instables d'un gouvernement qui avait perdu son statut populaire. En fait, beaucoup considèrent le coup d'État du 28 août comme la principale base de la révolution du peuple iranien.

La Révolution Blanche ou la Révolution du Roi et du Peuple

La Révolution blanche fait référence à une série de réformes économiques et sociales qui ont été annoncées sous le règne de Mohammad Reza Shah et en 1341 et soumises à un référendum, qui a été voté en faveur, qui dans la première étape consistait en six principes. Comme le déclare Mohammad Reza Shah dans l'introduction du livre White Revolution, vous écrivez: Aujourd'hui, nous avons fondé la politique politique, sociale et économique de notre pays sur des principes révolutionnaires, que la nation iranienne a déclaré sa ferme volonté d'approuver. . . Et ce que nous avons fixé comme nos principes pour l'avenir, ce sont une vaste réforme sociale, une construction économique combinée à une économie démocratique, le progrès culturel, la coopération internationale, le respect des croyances spirituelles et les libertés individuelles et communautaires. / Révolution Blanche / Mohammad Reza Shah / p.5. Bien que ces réformes aient été introduites et mises en œuvre pour empêcher l'infiltration des idées communistes et marxistes et pour empêcher une nouvelle influence des groupes de gauche, d'autre part, le clergé chiite, qui a traditionnellement été associé au système impérial, a eu une réaction négative contre sa deux principes importants sont de prendre position et de s'opposer. Ces deux principes comprenaient la réforme agraire et le droit de vote des femmes. Le premier principe, parce qu'environ 20% des terres du pays étaient dotés et entre les mains du clergé, a provoqué l'opposition du clergé, qui voyait ses sources de revenus en danger, et le second Selon la loi islamique, les femmes n'ont pas le droit de vote et cela est considéré comme illégal. L'importance de la Révolution blanche pour influencer les événements historiques de l'Iran et déterminer l'origine historique de la 57e Révolution est due au fait que les ecclésiastiques, en particulier l'ayatollah Khomeiny, ont pu se positionner dans le pôle de l'opposition et lui-même a pu prendre Dans ce processus, l'opposition et la défense sur la Révolution blanche devraient recevoir la décision de son autorité et être en mesure d'insister sur ses positions autant que possible, ce qui est le référendum d'accepter la Révolution blanche est une hérésie et est contre la charia. L'ayatollah Montazeri écrit dans ses mémoires: Je me souviens que l'ayatollah Khomeiny a également insisté sur le fait que les projets de loi originaux ne devraient pas être remis en question ni contestés, et feu l'ayatollah Haj Seyyed Ahmad Khansari avait dit dans un discours ou un écrit - dont je ne me souviens pas exactement maintenant. Cette réforme agraire est erronée et le les terres sont usurpées et il n'est pas possible d'y prier et ils sont entrés par là. L'ayatollah Khomeiny était très bouleversé et une nuit alors que nous étions cinq ou six personnes dans sa maison, ils lui ont dit d'aller voir M. Haj Seyed de toute façon. Ahmed , dites-moi quelle est la situation. Il a frappé ce mouvement avec cet acte, parce que demain les agriculteurs se retourneront contre nous, dire que la réforme agraire est contre la charia n'est pas un moyen de lutter, et qu'ils veulent aller enseigner la enfants du peuple, il ne faut pas dire N'enseignez pas, nous devons nous opposer au principe du référendum. . . Nous nous opposons au principe du référendum car c'est une nouvelle innovation / Mémoires de l'ayatollah Montazeri / pp. 190-207 En mettant en péril les intérêts dotés du clergé, la Révolution blanche a fait qu'en plus des groupes de gauche et nationalistes, le clergé se soit ajouté à l'opposition au système impérial. Plus tard dans la Révolution iranienne de 1957, en répétant les erreurs stratégiques que je vais mentionner plus tard, le système impérial Il est tombé dans l'abîme.

La hausse des prix du pétrole et la récession et leurs

conséquences En raison de conditions mondiales et régionales particulières, les revenus pétroliers de l'Iran se sont multipliés au début des années 1950. Cette augmentation des prix du pétrole a amené Mohammad Reza Shah à accorder plus d'attention à deux éléments de base pour faire avancer les politiques du pays: 1) Armée 2) Dépendance aux revenus pétroliers. L'augmentation des prix du pétrole en Iran pendant cette période a amené Mohammad Reza Shah à donner plus de valeur à l'armée en raison de son état mental particulier et à la renforcer et à l'équiper de diverses armes, et à l'allocation de près d'un tiers du budget du pétrole. les ventes en sont un bon exemple. Le désir d'une armée puissante et bien équipée l'a conduit à transformer ses ambitions en un discours qui deviendrait plus tard l'un des facteurs qui font penser au monde d'une puissante menace militaire en Iran, et Mohammad Reza Shah lui-même a critiqué la politique américaine de soutien. de Pour payer ses alliés. Dans une interview accordée au Times de Londres en juin 1969, Shah a déclaré: "Que se passera-t-il si l'Irak nous attaque demain?" Les États-Unis et le Pacte de Santo prendront-ils des mesures pour nous soutenir contre une telle attaque? Dans la guerre indo-pakistanaise, qu'a fait Santo lorsque le Pakistan a été contraint d'accepter un cessez-le-feu alors que les forces indiennes étaient à quelques kilomètres de Lahore? Les États-Unis, qui avaient conclu un pacte bilatéral militaire et de défense avec le Pakistan, se sont-ils précipités au secours du Pakistan? Non, alors nous ne pouvons pas compter sur les autres pour protéger nos frontières des dangers qui menacent le serpent, et c'est pourquoi j'insiste sur le renforcement de mes forces militaires. Institute for the Study of Iranian History / Article sur la hausse des prix du pétrole et l'expansion des achats d'armes. Les conséquences caractéristiques de ces actions et discours 1) ont suscité la peur de la critique et le franc-parler de Mohammad Reza Shah parmi les puissances mondiales 2) la peur régionale a suivi l'autorité de l'Iran, qui pointe directement vers les ennemis régionaux. Ces facteurs ont fourni une excuse à l'influence et à l'intervention de puissants pays mondiaux et régionaux en Iran pour chercher à empêcher les ambitions du système impérial iranien. Une autre conséquence de l'augmentation des prix du pétrole a été la croissance rapide de l'économie du pays, qui, avec des progrès dans de nombreux domaines économiques, le pays est sorti de son état traditionnel et nomade et les villes du pays ont été confrontées à une vague de migration rurale. L'expansion de la migration depuis les villes a entraîné l'agrandissement des villes du pays et la croissance de la banlieue et des bidonvilles autour des villes a également augmenté. Pendant cette période, le niveau de bien-être économique et social dans les villes a augmenté rapidement et a été un facteur pour les villageois de migrer vers les villes pour créer une situation dans laquelle la distance entre les classes est considérée comme un indicateur dangereux et aussi le niveau des attentes et Compte tenu du bien-être qui a existé de façon continue pendant les années 1351-1351, ce facteur pourrait être de plus en plus dangereux, ainsi que la baisse des prix du pétrole et, bien sûr, la baisse des revenus de ces ventes en 1355, qui a atteint environ 20%, et le pays est entré en récession, conduisant à un mécontentement interne dans la société, et c'était un exemple de la théorie de James Davis du facteur décisif de l'économie dans l'émergence de la révolution, qui stipule: La probabilité de révolution se produit lorsque une longue période de développement économique et social objectif par un renversement à court terme et un suivi rapide. Selon cette théorie, s'il y a une longue période de prospérité pendant laquelle on s'attend à ce que les besoins puissent être satisfaits de manière permanente, puis qu'une période de déclin économique et de récession se produit et que les gens sont frustrés, il y a un grand écart entre ce que les gens veulent et ce qu'ils obtiennent, c'est un écart entre les attentes des gens et les réalités économiques de la société, et dans de telles circonstances, les attentes continuent de croître, et un déclin soudain crée un écart insupportable, ce qui conduit finalement à la révolution. La hausse des prix du pétrole et l'approche insensée de l'achat d'armes militaires dans les années 1950 ont fait naître la peur dans la région et dans le monde, compte tenu du discours ambitieux sur lequel s'est appuyé Mohammad Reza Shah, s'appuyant sur d'énormes revenus pétroliers. Les pays européens et les États-Unis Les États parlent, et la dépendance de l'économie du pays à l'égard des revenus pétroliers a conduit la récession à conduire à un décalage entre les attentes et les exigences de la vie sociale avec les réalités économiques du pays, et l'écart de classe dû à davantage pour conduire au mécontentement face à la révolution.

■ La personnalité de Mohammad Reza Shah et sa performance et son approche de la dynastie Pahlavi

Sans aucun doute, on ne peut pas parler de la révolution iranienne de 1957 et ne pas parler du type de personnalité, d'approche et d'actions de Mohammad Reza Shah et de sa famille. Ce à quoi il faut accorder plus d'attention, c'est le type de croyances et de personnalité de Mohammad Reza Shah, qui a été l'un des facteurs importants du renversement de son gouvernement et du régime de Pahlavi en Iran. La personnalité et les croyances de Mohammad Reza Shah peuvent être discutées et analysées en référence à plusieurs de ses livres, notamment «Mission to My Homeland» et «Response to History». Où il traite de la crainte et de la perfection de son père et loue Reza Shah de telle manière qu'il regarde le surhumain devant ses yeux et inspire le lecteur et montre le désir de son cœur d'atteindre le statut de père. Un père tyrannique, bien-fondé, ambitieux, moderniste et progressiste qui, avec sa personnalité fragile, cherche à atteindre le pouvoir du pouvoir de son père et en même temps dans les domaines du développement du pays, la réalisation des aspirations de son père, qui son père a autrefois voulu réprimer les soulèvements populaires: le pays possédait mille fusils d'un même type. Mohammad Reza Shah, qui avait affirmé à Kordaki qu'il avait vu et rencontré les imams à plusieurs reprises dans son sommeil et à son réveil et les avait rencontrés, a été ridiculisé par un père qui qualifiait les pensées et croyances religieuses d'illusions et était fermement opposé à la religion et à diverses Reza Shah avait également une opposition historique au clergé dans le projet de modernisation de l'Iran et les considérait comme un facteur de la série d'arriération de l'Iran. Les croyances religieuses dures et superstitieuses de Mohammad Reza Shah l'ont amené à accorder une attention particulière au clergé et à renforcer la religion dans ses paroles. Il se considérait comme un assistant de Viavar et renforçait les circonscriptions, les salles de prière et les mosquées dans différentes régions du pays. Peut-être, et avec certitude, la religion elle-même peut être un facteur de suppression des courants communistes et nationalistes en Iran. Et le clergé considère également la monarchie et la monarchie comme les gardiennes et choisies de Dieu, et comme nous l'avons vu, ce renforcement et l'expansion de la position du clergé ainsi que ses propres croyances superstitieuses ont amené les courants religieux à déraciner la monarchie. Les croyances superstitieuses et religieuses, l'instabilité de la personnalité, l'insaisissabilité et le manque de confiance en soi, ainsi que la fausse démonstration de pouvoir et la tentative d'obtenir les armes militaires les plus équipées et les plus avancées pour couvrir ses faiblesses de personnalité l'avaient poussé à s'élever à plusieurs niveaux. Il faut noter que les coups d'État des 25 et 28 août 1332 et la révolution populaire de 1357 peuvent être considérés comme des exemples historiques objectifs. En relisant et en scrutant les livres écrits par Mohammad Reza Shah et ses entretiens avec des journalistes, il a toujours porté avec lui la peur et l'illusion de l'autorité en coulisses des Britanniques et des Soviétiques dans la gestion de l'État et des affaires militaires du pays, des pays étrangers sont affiliés à ces pays et, à certains endroits, se sont affrontés avec des multinationales et des sociétés. Les bénéfices rentables de la vente de pétrole et le développement de l'industrie militaire et agricole insensée, qui était l'un des bénéfices de la vente de pétrole, l'ont amené à se moquer des puissants pays européens et américains dans les dernières années de son règne et a cherché pour augmenter les progrès du pays vers les pays européens fous et les États-Unis ont établi un record qui a soulevé des préoccupations régionales et mondiales concernant les progrès de l'Iran et le prestige de Mohammad Reza Shah. Mais à part ses approches et ses actions, sa famille a également eu une ingérence manifeste et secrète dans les affaires du pays, et sa sœur Ashraf Pahlavi peut être considérée comme un exemple clair et puissant dans ce domaine. Le profit de la vente du pétrole avait fait souffrir la dynastie Pahlavi de diverses formes de corruption administrative et financière, et les documents publiés dans ce domaine sont une véritable preuve de ce problème, et cette série de facteurs a également conduit à des protestations et des complots populaires. entre Au niveau international, avec les développements régionaux et les conditions mondiales et régionales spéciales, conduisent à une révolution. ■ L'atmosphère intellectuelle du pays Parmi les facteurs qui peuvent être mentionnés dans la mobilisation de l'opinion publique et sa réalisation dans l'administration publique lors de la survenue de la révolution figurait le rôle et la montée des courants intellectuels, à la fois de gauche et islamiques, qui ont eu un impact significatif sur la survenance de cette un événement. La prise de conscience du danger de la croissance des pensées de gauche par le système impérial et plus sur ces croyances religieuses et selon les illusions de Reza Khan Mohammad Reza Shah a renforcé les courants islamiques. A cette époque, deux courants intellectuels étaient actifs dans le pays qui s'opposaient au système impérial en Iran. Les courants intellectuels socialistes, qui étaient principalement en faveur du régime communiste soviétique et étaient fermement opposés à l'Occident et au système capitaliste, avaient une influence sur les différentes couches, principalement dans les régions riches en pétrole et parmi les étudiants et les éduqués. Le système impérial était considéré comme un symbole de soumission à l'impérialisme mondial et au système capitaliste, et de diverses manières, à divers stades, en dirigeant des courants et des partis de gauche, ils ont mené une opposition obstinée et armée au système impérial. Mais le courant intellectuel islamiste le plus important avait trouvé une meilleure position dans la lutte contre le système impérial. Ce mouvement, qui s'est d'abord développé rapidement sous la direction du système impérial et contre la gauche, avec l'émergence d'Ali Shariati à

Hosseinieh Ershad, a pris la tendance inverse avec le gouvernement de Mohammad Reza Shah et le clergé traditionnel et les socialistes pro-soviétiques. Et a été en mesure de consolider rapidement sa position parmi les étudiants et les gens instruits et beaucoup de gens ordinaires

Les références :

Hajjarian, Collection d'articles sur les approches théoriques de la révolution islamique (Compilé par: Abdolvahab Frati) - (Qom: adjoint aux enseignants et aux cours d'éducation islamique, première édition, 1998) p. 3. Gay Roche, Social Change, traduit par Mansour Vosoughi (Téhéran: Nashr-e Ney, septième édition, 1997), p. 130. 4. Anthony Giddens, General Sociology, traduit par Manouchehr Sabouri (Téhéran: Nashr-e Ney, 1373), p. 674. 5. Gay Roche, ex, p.131. 6. L'analyse psychologique de la personnalité du leader du mouvement et de ses origines sociales révèle en grande partie la nature du mouvement. 7. Mostafa Malakootian et al., The Islamic Revolution and Why and How It Happened (Qom: Representation of the Supreme Leader in Universities, 13th Edition, 2001), p. 159. 8. Imam Ruhollah Khomeini, Sahifa Noor, vol. 2 (Téhéran: Orientation islamique), p. 57.

Printed by Books on Demand GmbH, Norderstedt / Germany